NEPHTÉ,
TRAGÉDIE

EN TROIS ACTES,

REPRÉSENTÉE

POUR LA PREMIERE FOIS,

PAR

L'ACADÉMIE ROYALE DE MUSIQUE,

LE MARDI 15 DÉCEMBRE 1789.

PRIX XXX SOLS.

A PARIS,

CHEZ PRAULT, IMPRIMEUR DU ROI,

Quai des Augustins, à l'Immortalité.

On trouvera des exemplaires à la Salle de l'Opera.

M. DCC. XC.

AVEC APPROBATION ET PRIVILÈGE DU ROI.

Les paroles sont de M. HOFFMAN.
La musique est de M. LEMOINE.

ACTEURS ET ACTRICES
CHANTANS DANS LES CHŒURS.

COTÉ DE LA REINE.		COTÉ DU ROI.	
Mesdemoiselles.	*Messieurs.*	*Mesdemoiselles.*	*Messieurs.*
É. Gavaudan.	Martin.	Courneuve.	Rey.
Le Clerc.	Legrand.	Manthe.	Le Coq.
Dubuisson.	Poussez.	Tauner.	Chapelot.
Rouxelin.	Duplessier.	Macker.	Westminster.
Garrus.	Touvoys.	Beaumont.	
Sanctus.	Pingal.	Davide.	
Delaigle.	Delboy.	Desmarais.	Tacusset.
Gouémelle.	Cavallier.	Marinville.	Le Roux, 1.
Ballassé.	Moulin.	Clozet.	De Lori.
Vadée.	Jouve.	Méziere.	Bouvard.
Gambais.	Duchamp.	Duchesne.	Joinville.
	Débeirk.		Rouen.
	Bourbier.		Chevrier.
	Ramey.		Le Roux, 3^e

ACTEURS.

NEPHTÉ,	Mlle. Maillard.
PHARÈS,	M. Lainez.
AMEDÈS,	M. Adrien.
CHEMMIS,	M. Dufresne.
FILLE du temple d'Osiris,	Mlle. Rousselois.
PRÊTRES des Tombeaux, MM.	Chateaufort. Le Roux, cadet. Poussez. Legrand.
GRAND-PRÊTRE de l'Hymen,	M. Chateaufort.
LE FILS DE NEPHTÉ enfant,	Mlle. Rosette.

VINGT-CINQ JEUNES FILLES du temple d'Osiris.

GRANDS DE L'ETAT, PRÊTRES, FEMMES de la suite de Nephté; SOLDATS, PEUPLE égyptien.

La Scène est dans le palais des Rois de Memphis.

A MADAME
SAINT-HUBERTI,

DE L'ACADÉMIE ROYALE DE MUSIQUE.

MADAME,

Je vous offre un ouvrage qui avoit été fait pour vous, & qui attendoit de vous son plus bel ornement. Puissent tous ceux qui courent la carrière des lettres, oublier, comme moi, qu'il est des personnes riches & puissantes, & ne se souvenir dans leurs dédicaces, que de l'esprit & des talens !

HOFFMANN.

TRAIT D'HISTOIRE.

Camma, fille de Léonorius, épousa Sinatus, roi de Galatie. Sinorix, parent de Sinatus, le fit assassiner pour lui ravir sa couronne & son épouse. Aimé des soldats, il obtint facilement le trône ; mais Camma lui opposa toujours une résistance inflexible. Enfin cette reine, abandonnée de tout le monde, menacée par Sinorix, peu respectée par son peuple rebelle, fut contrainte de donner la main au meurtrier de son époux. Mais, fidelle à ses premiers engagemens, & conservant dans son cœur autant d'amour pour Sinatus que d'horreur pour l'assassin, elle empoisonna la coupe nuptiale, & se fit périr avec l'usurpateur. Plutarque.

Ce trait d'histoire a fourni à Thomas Corneille le sujet d'une tragédie. Mais ayant à travailler pour un siècle où l'amour étoit le principal mobile de toutes les actions dramatiques, ce poète a supposé que Camma peu fidelle à un époux qu'elle regrette peu, aime un jeune prince à qui elle veut donner sa couronne, & qu'elle ne cherche à faire périr

Sinorix, que pour mettre à la place de l'ufurpateur l'amant dont elle eft éprife.

Une telle conduite, de tels fentimens nuifent un peu à l'intérêt que devroit infpirer l'héroïne; & n'ayant pas, comme Thomas Corneille, les moyens de faire pardonner ce défaut, je me fuis totalement écarté du plan de la tragédie, & j'ai confervé le trait d'hiftoire dans toute fa pureté; me permettant feulement de changer les noms des perfonnages.

Pour introduire fur la fcène de l'Opéra des coftumes nouveaux & des mœurs nouvelles, j'ai tranfporté mon fujet en Egypte; j'ai donné à Camma le nom de Nephté, & j'ai reculé l'événement jufqu'à l'antiquité des tems mythologiques. Nephté n'eft point un nom imaginaire: felon Janblonski *, il eft compofé des deux mots *Neith* & *ptha*, qui font les noms de deux divinités égyptiennes, dont l'une eft la Minerve, & l'autre le Vulcain des Grecs; ce qui fignifie *fageffe* & *courage*, qualités que j'ai tâché de conferver à Nephté.

* Pantheon ægiptiacum.

Un autre motif m'a déterminé à choifir la capitale de l'Égypte pour le lieu de la fcène. Ifis, grande déeffe des Egyptiens, a beaucoup de rapport avec Nephté, en ce qu'elle a toujours été fidelle à Ofiris fon frère & fon époux ; qu'elle a tiré une vengeance éclatante de Thyphon, meurtrier d'Ofiris, & confervé la couronne à fon fils Horus.

J'ai pris dans Hérodote & Diodore l'idée des cérémonies funèbres, où les chants de joie fuccédoient aux accens plaintifs, lorfque le mort avoit été reçu favorablement par les juges des enfers ; c'eft dans les mêmes auteurs que j'ai trouvé la defcription des fites que repréfentent les décorations du premier & du troifième acte ; & je crois que le public verra avec plaifir les tableaux que M. Paris a fu compofer d'après le programme très imparfait que je lui ai préfenté.

J'ai donné à Nephté & à Amédès, grand-prêtre, les noms de *père* & de *fille*, qu'on entendra fouvent dans le cours de l'ouvrage, quoiqu'Amédès ne foit point le père de Nephté. J'ai cru être autorifé à me fervir de ces termes, d'après Diodore *, qui nous apprend que les grands-prêtres étoient chargés de l'éducation des princes, & que les enfans des rois étoient fervis par les enfans des prêtres.

<small>* Livre I.</small>

J'ai employé comme un des refforts de cette tragédie, la néceffité où fe trouve Nephté de choifir un fecond époux pour conferver la couronne. Cela

Livre 2. est conforme à Hérodote*, qui assure que jamais l'Egypte ne fut gouvernée par aucune femme, si ce n'est à titre d'usurpation. M. Paw appuie ce sentiment dans ses Recherches philosophiques sur les
Section 2. Egyptiens*; il dit que dans ce pays les femmes étoient inhabiles à régner.

J'espère qu'on m'excusera de m'être écarté de la tragédie de Camma. Quelque bon guide que dût être pour moi le frère du grand Corneille, j'ai cru devoit m'en tenir à la simplicité de l'histoire, surtout à un théatre où le sujet doit être clair, la marche facile & l'action sobrement intriguée. Les personnes qui se donneront la peine de lire ces deux ouvrages, reconnoîtront qu'ils n'ont rien de semblable pour la marche, que le dénoument qui est en récit dans Camma, & en action dans Nephté.

ACTE I.ER

Tout le côté droit du théatre doit représenter une montagne aride, sous laquelle sont pratiqués douze cryptes ou grottes sépulchrales taillées dans le rocher. Chacune de ces grottes contient le tombeau d'un des rois d'Égypte, et chacune est éclairée par une lampe funèbre. Celle où se trouve le tombeau de Séthos est la première, et paroît de formation plus nouvelle. Quatre prêtres vêtus de robes de lin sont assis sur quatre pierres, placées aux quatre angles du tombeau.

Le côté gauche est occupé par la façade extérieure du palais de Memphis.

A l'extrémité de la montagne s'élève le grand temple d'Osiris ou du Soleil, dont on n'apperçoit que les portes. Ce temple n'occupera que la moitié du fond, de sorte que dans l'intervalle qui restera entre lui & les grottes, on appercevra dans le lointain une partie des riches campagnes qui bordent le Nil, & l'une des grandes pyramides, dont la pointe se perdra dans l'horizon.

A

Une avenue de sphinx de forme colossale, conduira du temple au portique du palais.

Enfin l'espace qui reste entre les sphinx & les grottes est un lieu planté de cyprès.

Le jour n'est pas encore levé, & le théatre ne paroît éclairé que par la lueur des lampes funèbres.

SCENE I^{ERE}.

QUATRE PRÊTRES *assis aux quatre angles du tombeau de Sethos.*

IER. PRÊTRE.

Memphis, ton roi n'est plus; abaisse ton orgueil.
Ta fortune des dieux éprouve l'inclémence;
Memphis, ton roi n'est plus, couvre-toi d'un long deuil.

IIE. PRÊTRE.

Sceptre, grandeurs, vertus, puissance,
Vous avez disparu dans l'ombre du cercueil.

CHŒUR.

Memphis, ton roi n'est plus, abaisse ton orgueil.

IIIE. PRÊTRE.

Ah! si la seule mort faisoit couler nos larmes!

TRAGÉDIE.

Si ce héros dans les combats,
En y cherchant la gloire, eût trouvé le trépas.

IVE. PRÊTRE.

Nous n'aurions à pleurer que sur le sort des armes.

IER. PRÊTRE.

Mais un frère, grands dieux !...

II. PRÊTRE.

Le fit assassiner.

IIIE. PRÊTRE.

O crime !

IVE. PRÊTRE.

O trahison !

IER. PRÊTRE.

O projet sanguinaire !

IIE. PRÊTRE.

Un frère qu'il aimoit le fit assassiner.

CHŒUR.

Fatale ambition ! la fureur de régner
N'épargne pas le sang d'un frère.

IER. PRÊTRE.

Memphis, ton roi n'est plus, couvre-toi d'un long deuil.

IIE. PRÊTRE.

Ta fortune des dieux éprouve l'inclémence.

IIIE. PRÊTRE.

Sceptre, grandeurs, vertus, puissance,

IVE. PRÊTRE.

Vous avez disparu dans l'ombre du cercueil.

CHŒUR.

Memphis, ton roi n'est plus, abaisse ton orgueil.

(Le premier prêtre se lève; il parcourt lentement le théatre, & jette les yeux vers le fond que l'aurore commence à éclairer. Les autres prêtres, à l'aspect du jour, vont éteindre les lampes des tombeaux.)

IER. PRÊTRE.

Déja la pourpre de l'aurore
A rougi la voûte des cieux;
Voici l'heure où Nephté, conduite par les dieux,
Porte un tribut de pleurs à l'ombre qu'elle adore.

IIE. PRÊTRE.

Réveille-toi, Séthos, & souris à ses vœux;
Tu fus dans ton palais l'objet de tous ses feux,
Dans la tombe tu l'es encore.

III PRÊTRE.

Elle n'eut point de part aux coupables complots
Qui réclament des cieux la trop lente vengeance.

IV PRÊTRE.

Elle t'aime toujours, & n'a d'autre espérance
Que de vivre avec toi dans la nuit des tombeaux,
Et de te consoler par sa douce présence.

Ier PRÊTRE.

Cessez vos chants plaintifs ; cette reine s'avance :
Son fils seul l'accompagne, & soulage ses maux.

II PRÊTRE.

Cher enfant! heureuse innocence!
Il ne sent point encor tout ce qu'il a perdu.

III PRÊTRE.

Ni combien de périls assiègent son enfance.

CHŒUR, *tandis que Nepthé s'avance.*

O ciel vengeur, comment puniras-tu
Les scélérats qui bravent ta puissance ;
Si tant de maux éprouvent la vertu,
Si tant de maux accablent l'innocence ?

SCENE II.
LES QUATRE PRÊTRES, NEPHTÉ, SON FILS.

(*Nephté approche de la tombe sur la fin du chœur précédent. Les prêtres se séparent avec respect, & laissent avancer la reine. Celle-ci fait asseoir son fils sur une des pierres qui environnent le tombeau.*)

NEPHTÉ.

Toi qui jusqu'à ma mort conserveras ma foi,
Séthos, puis-je espérer que sur la rive sombre
Les pleurs de ton épouse iront toucher ton ombre?
   O mon époux, ô mon amant, dis-moi
   Si mes soupirs vont encor jusqu'à toi.
Que ton œil, s'il se peut, se r'ouvre à la lumière;
   Vois ce gage de nos amours,
   Lui seul soulage ma misère,
Lui seul peut me forcer à prolonger mes jours.
Cher enfant, un forfait t'a privé de ton père,
Et peut-être bientôt tu vas perdre ta mère...
   O mon époux, ô mon amant, dis-moi
   Si mes gémissemens vont encor jusqu'à toi.

IER. PRÊTRE.

Sans doute il vous entend ; sans cesse sa présence
D'une majesté sainte anime tous vos traits ;
Sa grande ombre vous suit, ne vous quitte jamais,
Et sur vous maintenant elle plâne en silence.

NEPHTÉ.

O Séthos, ô mon roi, ne m'abandonne pas ;
Rappelle dans ton sein ton épouse fidelle ;
Commande, elle te suit dans la nuit du trépas ;
Sans toi le monde entier n'est qu'un défert pour elle.

IIE. PRÊTRE.

Reine, il ne suffit pas de pleurer votre époux.
Laissez aux foibles cœurs des regrets inutiles.
Le ciel vous fit une âme, & le ciel mit en vous
D'autres soulagemens que des larmes stériles.

NEPHTÉ, *au tombeau*.

Oui, je veux te venger, arme ma foible main ;
Perce l'affreux secret, nomme ton assassin ;
Quelque puissant qu'il soit, il faudra qu'il succombe ;
Tout son sang va couler, il rougira ta tombe.

IIIE. PRÊTRE.

Si l'oracle nous donne un présage certain,

Du meurtrier le supplice s'avance.

NEPHTÉ.

Je puis donc le connoître & lui percer le sein?

IVe. PRÊTRE.

Le ciel a désigné l'objet de la vengeance,
Mais le sage Amédès, l'interprète des dieux,
Peut seul nous révéler ce mystère odieux.

SCENE III.

LES PRÉCÉDENS, CHEMMIS.

CHEMMIS, *à Nepthé.*

De votre époux l'auguste frère
Vous cherche, & dans l'inftant va paroître à vos yeux.

NEPHTÉ.

Pharès! que me veut-il?

Ier. PRÊTRE, *avec horreur.*

Pharès, lui, dans ces lieux!

(*Auſſi-tôt les quatre Prêtres ſaiſiſſent l'enfant, ils l'emmènent*

TRAGÉDIE.

l'emmènent dans la grotte, & chantent le chœur suivant, en jettant les yeux du côté où Pharès doit entrer.)

CHŒUR DE PRÊTRES.

{ Ah! périsse le téméraire
Qui vient troubler l'asyle de la paix !

(*Ils entrent sous la grotte.*)

NEPHTÉ.

{ Dieux ! quel est cet affreux mystère?
Pharès auroit-il part au plus grand des forfaits?

Ensemble

SCENE IV.

NEPHTÉ, PHARÈS.

NEPHTÉ, *voyant venir Pharès de loin.*

L'HORREUR qui se répand m'annonce un parricide,
Un noir pressentiment me trouble à son aspect.
Il faut dissimuler, & dans l'œil du perfide,
Pénétrer, s'il se peut, son odieux secret.

PHARÈS.

Eh quoi, belle Nephté ! ce lieu sinistre & sombre
A-t-il tant de charmes pour vous ?

B

Faut-il que des cyprès attriftent de leur ombre
Des traits fi nobles & fi doux ?

NEPHTÉ.

Le deuil de ces cyprès n'afflige point mon âme ;
Leur fainte obfcurité convient à mon malheur.
S'ils font affreux pour moi, c'eft par le crime infâme
Que ces tombeaux rappellent à mon cœur.

PHARÈS.

Hélas ! autant que vous j'en ai gémi moi-même ;
Mais le tems fait calmer la plus vive douleur.

NEPHTÉ.

Non, quand on a perdu le feul objet qu'on aime.

PHARÈS.

Ah ! Nepthé, cet amour dont vous brûlez en vain
Vous fait-il oublier qu'en fermant la paupière,
Séthos nous confia fa volonté dernière,
Et vous fit une loi de me donner la main ?

NEPHTÉ.

Vous me parlez d'hymen, lorfque le fang d'un frère
Fume encor fur le marbre où ce prince expira ;
Vous oubliez bientôt cette fcène cruelle.
Oui, je fais qu'en mourant, mon époux defira,

Ou parut desirer que je fusse infidelle;
Il vouloit qu'un hymen embellît son trépas;
Il vouloit de ma main payer tout votre zèle,
Mais mon époux, seigneur, ne nous connoissoit pas.

PHARÈS.

Il me connoissoit bien; il savoit que ma gloire
Pourroit de son grand nom ennoblir la mémoire;
Il nous trouvoit tous deux dignes de nous unir.
C'est un prix que Pharès mérita d'obtenir.
Ah! combien cet hymen illustreroit ma vie!
 Ce bras combattant sous vos loix,
Protégera Memphis, fera trembler l'Asie,
Et pourra de Séthos égaler les exploits.
 Mais si mes feux, mais si rien ne vous touche,
A votre époux du moins consentez d'obéir;
Voyez en moi son frère, & daignez accomplir
 Le dernier vœu qui sortit de sa bouche.

NEPHTÉ.

Mais, seigneur, n'est-il mort que pour vous rendre heureux?
Il vous aima toujours, & son trépas affreux
 Ne laisseroit dans le fond de votre âme
D'autre soin plus pressant qu'un projet amoureux?
Si vers un fol amour vous tournez tous vos vœux,

Quel sera le vengeur que son ombre réclame ?
Ce prince, cet époux, ce frère infortuné,
Vous le savez, seigneur, mourut assassiné.

PHARÈS.

Eh ! pourquoi rappeller sans cesse
Des maux qu'on ne peut réparer ?
C'est au ciel à frapper de sa main vengeresse
Les auteurs des forfaits qu'il nous laisse ignorer.
Veuve du grand Séthos, vivez pour admirer,
Vivez pour imiter ses vertus, sa sagesse ;
Vivons pour occuper le trône qu'il nous laisse ;
Vivons....

NEPHTÉ.

Pour le venger. Unissez-vous à moi ;
Venez sur ce tombeau m'engager votre foi ;
Jurez-moi d'employer toute votre puissance
A punir l'assassin de mon auguste époux ;
Jurez-moi que cette vengeance
De vos soins sera le plus doux.

PHARÈS, *à part*.

Dieux ! serois-je trahi ? quel est donc ce mystère ?

NEPHTÉ.

Vous hésitez, Seigneur, vous l'aimiez votre frère ?

TRAGÉDIE. 13

Pour faire ce serment il m'en a moins coûté.

PHARÈS.

Je jure d'accomplir tous les vœux de Nephté;
　Sa volonté sera ma loi première.

NEPHTÉ.

Je ne veux rien pour moi. Jurez sur ce tombeau,
　Que vous serez vous-même le bourreau
　　Du monstre parricide, impie,
Dont le forfait causa le deuil de la patrie.

SCENE V.

LES PRÉCÉDENS, AMÉDÈS *sortant du temple, écoute Pharès.*

PHARÈS, *près du tombeau de Séthos.*

Je jure par le fer qui brille dans ma main,
De punir de mon roi le coupable assassin.

AMÉDÈS, *à part, au fond du théâtre.*
Dieux! & vous l'écoutez ce serment sacrilège!

NEPHTÉ, *à part, sur le devant de la scène.*
Le monstre s'est trahi; je le tiens dans le piége.

{ Ensemble.

AMÉDÈS.

Pharès, c'en eſt aſſez, le ciel eſt ſatisfait ;
Il connoît la main criminelle :
Jamais il n'oublia de punir un forfait ;
Compte ſur la vengeance ; elle ſera cruelle.

PHARÈS.

Prêtre, vous qui parlez au nom d'un ciel vengeur,
Redoutez d'une erreur les ſuites dangereuſes ;
Un oracle eſt ſouvent menteur,
Et toujours il nous fait des réponſes douteuſes.

(*A Nephté, bas & en s'en allant.*)

Reine, défiez-vous de ces bouches pieuſes,
Et ſachez que plus d'une fois,
Des miniſtres des dieux les mains religieuſes
Furent teintes du ſang des rois.

(*Il ſort.*)

SCENE VI.

NEPHTÉ, AMÉDÈS.

AMÉDÈS, *à Pharès qui sort.*

Tu n'éviteras point la céleste vengeance ;
Les dieux t'ont désigné, ton supplice est certain.

NEPHTÉ, *avec horreur.*

Le frère de Séthos !

AMÉDÈS.

Il est son assassin.

NEPHTÉ.

O mon fils, que de maux accablent ton enfance !
Dans ces jours de forfaits quel sera ton destin ?
Le frère de Séthos !

AMÉDÈS.

Il est son assassin.

Ces murs renferment ses complices ;
Menacés par ma voix du dernier des supplices,
Ils ont nommé l'auteur de cet affreux dessein.

NEPHTÉ.

Je te reconnois bien, âme dure & cruelle.
Barbare, mille fois depuis ce jour d'horreur,
Un soupçon renaissant t'accusoit dans mon cœur,
Et sans cesse m'offroit ta tête criminelle.
Tu respires encore! & mon époux, mon roi
Est perdu pour son peuple & ne vit plus pour moi.
   Vengeance, soutiens mon courage.
 Filles d'enfer, punissez le forfait,
Sur le cœur du coupable exercez votre rage ;
Vengez-moi, vengez-vous, & je meurs sans regret.

AMÉDÈS.

Vous parlez de mourir : ah! malheureuse mère !
Et votre fils?...

NEPHTÉ.

 Grands dieux !

AMÉDÈS.

      Ses jours sont menacés.

NEPHTÉ.

Ciel !

AMÉDÈS.

Que deviendra-t-il, si vous le délaissez?

NEPHTÉ.

NEPHTÉ.

Mon fils!

AMÉDÈS.

L'infortuné n'a déja plus de pere.

NEPHTÉ.

Dieux! de quelle frayeur je me sens émouvoir!
Tout me trouble, tout m'épouvante.
Mon cher fils, je crois déja voir
Un glaive suspendu sur ta tête innocente.
Tous mes sens sont glacés ; ô vous, mon seul appui,
Ayez pitié de moi, daignez veiller sur lui :
Pour le défendre, hélas! je n'ai que ma tendresse
Dérobez son enfance aux regards des mortels ;
Qu'il respire un air libre à l'ombre des autels,
Et que ce temple saint protege sa foiblesse.

AMÉDÈS.

Au fond de ces tombeaux, il est un lieu sacré,
Du profane vulgaire à jamais ignoré,
Qu'il soit de votre fils l'asyle & la défense!

TOUS DEUX.

Ciel, nous te confions notre unique espérance.

AMÉDÈS.

Les prêtres des tombeaux répondent de son sort;

C

Ils font ses défenseurs ; & si quelque perfide
Étendoit jusqu'à lui sa fureur homicide,
Pour prix de son audace il recevra la mort.
Sous ces cyprès bientôt le peuple va paroître
Pour faire un sacrifice aux mânes de son maître :
Je veux par un serment m'assurer de sa foi ;
  Mais il faut que sans le connoître,
Il jure de punir l'assassin de son roi.
Les succès de Pharès l'ont rendu redoutable ;
L'Égypte admire encor sa féroce valeur,
Et le monstre est puissant autant qu'il est coupable.

NEPHTÉ.

Quoi ! Séthos dans Memphis n'auroit pas un vengeur !

AMÉDÈS.

Memphis le vengera ; mais, pour punir le crime,
  Gardons-nous d'en nommer l'auteur.
Le seul nom de Pharès inspire la frayeur.
Il faut qu'à notre voix tout le peuple s'anime,
Et fasse le serment de frapper l'assassin ;
Mais il ne connoîtra le nom de la victime,
  Qu'en lui perçant le sein.

SCENE VII.

NEPHTÉ, AMÉDÈS, PRÊTRES, GRANDS
DE L'ÉTAT, PEUPLE.

(Le temple s'ouvre, & l'intérieur en paroît obscur: Les prêtres en sortent en habits funèbres, & viennent se ranger le long des grottes : les grands de l'etat sortent du palais, & le peuple du fond. On élève un autel près du tombeau de Séthos. Amédès est seul auprès ; les prêtres à ses côtés ; les grands forment un cercle plus éloigné; Nephté reste sur le devant de la scène, & le peuple inonde le fond.)

AMÉDÈS.

O Mort, divinité terrible,
 Tout fléchit sous tes loix.
A nos vœux, à nos pleurs, à nos cris insensible,
 Tu frappes à la fois
Et le cèdre, & l'arbuste, & le foible & les rois.

CHŒUR DE PRÊTRES.

Ah! jamais ton bras inflexible

Ne nous fit mieux sentir l'effet de son courroux :
O mort, divinité terrible,
Le plus aimé des rois est tombé sous tes coups.

NEPHTÉ.

Tu m'as ravi tout ce que j'aime,
Mon roi, mon amant, mon époux ;
Pour me rejoindre à lui, viens me frapper moi-même,
O mort, je bénirai tes coups.

CHŒUR GÉNÉRAL.

O mort, divinité terrible, &c.

(*Les portes du temple s'ouvrent avec précipitation ; l'intérieur en paroît éclairé d'une vive lumière ; on en voit sortir vingt-cinq jeunes filles vêtues de blanc. Elles s'avancent avec vîtesse ; la première se détache des autres, s'approche de Nephté, & dit les vers suivans avec tout l'extérieur d'une joie sainte & d'un enthousiasme religieux.*)

TRAGÉGIE.

SCENE VIII.

LES PRÉCÉDENS, ET VINGT-CINQ JEUNES FILLES DU TEMPLE D'OSIRIS.

LA PREMIÈRE DES FILLES DU TEMPLE.

Pourquoi pleurer Séthos? Il n'eſt pas mort pour vous;
Les dieux l'ont rappellé dans leur ſphère immortelle;
Ses yeux toujours fixés ſur ſon peuple fidèle,
Du haut du firmament daignent veiller ſur nous.
 Ceſſez de déplorer ſa perte;
 Célébrez ſon nom glorieux.
 Dès long-tems ſa tombe eſt déſerte;
 Il habite déja les cieux.
 Déja dans ſes mains bienfaiſantes
 Le miniſtre aux aîles brillantes
 Place des lauriers éternels.
 La ſainte eſcorte l'environne,
 Une main pure le couronne
 Et le préſente aux immortels.

CHŒUR DE PRÊTRES.

Règne dans ton nouvel empire;

Jouis du bonheur qui t'est dû;
Mais daigne quelquefois sourire
A ce monde qui t'a perdu.

CHŒUR GÉNÉRAL.

Règne dans, &c.

AMÉDÈS.

En te dégageant de la vie,
La mort te rend à ta patrie;
Le dieu du jour t'appelle à soi.
Tranquille au séjour du tonnerre,
Tu reçois les vœux de la terre,
Et mes chants iront jusqu'à toi.

CHŒUR GÉNÉRAL.

Tranquille au séjour du tonnerre,
Tu reçois les vœux de la terre,
Et nos chants iront jusqu'à toi.

NEPHTÉ.

Peuple, si vous l'aimiez, votre reconnoissance
Ne doit pas se borner à chanter ce héros.
Vous savez qu'il périt par d'horribles complots;
Et ses mânes en vain vous demandent vengeance.

TRAGÉDIE.

CHŒUR DE GRANDS DE L'ÉTAT.
Ce crime est un secret qu'il nous faut révéler.
CHŒUR DE PEUPLE.
Nommez-nous l'assassin tout son sang va couler.
AMÉDÈS.
Enfin je connois le coupable.
CHŒUR DE PEUPLE.
Qu'il périsse dans les tourmens !
AMÉDÈS.
Il faut vous l'avouer, le monstre est redoutable.
CHŒUR DE PEUPLE.
Qu'il périsse dans les tourmens !
AMÉDÈS.
Eh bien ! le ciel le livre à vos ressentimens ;
Dans les flots de son sang éteignez sa furie,
Et promettez, sur la foi des sermens,
De venger par sa mort le deuil de la patrie.
CHŒUR DE PEUPLE.
Oui, nous vengerons la patrie ;
Oui, nous l'égorgerons le meurtrier impie ;

Ensemble {

O puissant Osiris, écoute nos sermens.

AMÉDÈS ET NEPHTÉ.

O puissant Osiris, écoute leurs sermens.

(*On brûle l'encens; on pose la victime sur l'autel, & le grand-prêtre saisit le couteau sacré qu'il tient levé en disant les vers suivans.*)

AMÉDÈS.

Objet de notre amour, reçois ce sacrifice;
Et sur tous tes vengeurs jette un regard propice;
Que ce couteau sacré, gage de leur fureur,
    Déchire le sein du perfide,

(*En frappant la victime.*)

   Périsse ainsi le parricide
Qui t'a plongé le poignard dans le cœur.

CHŒUR DE PEUPLE.

   Périsse ainsi le parricide
Qui t'a plongé le poignard dans le cœur!
Et que ce fer, gage de ma fureur,
    Déchire le sein du perfide.

AMÉDÈS.

Quand des ombres du soir, Memphis se couvrira,

Je nommerai l'auteur du crime ;
Et vous frapperez la victime,
Quand cette main vous la désignera.

(Tous s'avancent sur le devant de la scène, & disent avec exaltation :)

CHŒUR GÉNÉRAL.

Toi que Memphis regrette, & que l'Égypte encense,
Tes mânes seront satisfaits.
Et vous, sainte justice, implacable vengeance,
Armez-vous, aidez-nous à punir les forfaits.

(Nephté entre sous la grotte où est son fils.)

Fin du premier Acte.

ACTE II.

Le théatre représente la salle du palais, où se trouve le trône des rois d'Égypte.

SCENE Ière.

PHARÈS, CHEMMIS.

PHARÈS.

Quoi! le traître animoit le peuple à la vengeance!
De quel œil ose-t-il pénétrer mes secrets?

CHEMMIS.

Hâtez-vous, armez-vous de la toute puissance,
Et confondez ses coupables projets.

PHARÈS.

Il m'a toujours haï.

CHEMMIS.

Tout le peuple vous aime.
Je l'ai fait assembler, soumis à votre voix,
Dans ce jour, dans ce palais même,

TRAGÉDIE.

Il va vous élever au trône de ses rois.
 Pour conserver le diadême,
Nephté d'un autre hymen doit s'imposer les loix ;
Son sceptre, son amour, l'autorité suprême,
 Seront enfin le prix de vos exploits.

PHARÈS.
Ce prêtre m'inquiète.

CHEMMIS.
     Ah ! de son imprudence
Vous le verrez bientôt demander le pardon.
Il n'a pas même osé prononcer votre nom ;
Et par crainte il a feint de garder le silence.
Régnez, & devant vous il viendra s'abaisser.

PHARÈS.
Ce prêtre me tourmente.

CHEMMIS.
     Ah ! cessez d'y penser.
Seriez-vous effrayé d'une vaine menace ?
Qu'il garde son secret ; s'il l'osoit révéler,
La mort seroit bientôt le prix de son audace.

PHARÈS.
Eh ! pourquoi lui laisser le pouvoir de parler ?

D ij

CHEMMIS.

J'entends. Il périra; je veux vous l'immoler.

PHARÈS.

Je reconnois enfin ton amour pour ton maître.

(Chemmis met la main sur son poignard.)

Arme-toi, va chercher ce traître;
Comme une ombre importune environne ses pas,
Laisse-le respirer tant qu'il saura se taire,
Mais s'il rompt le myſtère,
Frappe, frappe; un ſeul mot mérite le trépas.

Enſemble.

Amour, ambition, haine, fureur, vengeance;
Venez, dévorez-moi, je m'abandonne à vous.
Un ſeul mortel, un ſeul, s'oppoſe à ma puiſſance;
Faites qu'il tombe ſous mes coups;
Haine, fureur, vengeance,
Je m'abandonne à vous.

CHEMMIS.

Je ſervirai votre vengeance,
L'audacieux tombera ſous mes coups.
Malheur à ceux dont l'imprudence
Allumera votre courroux.
Comptez, comptez ſur la vengeance,
Chemmis ſera digne de vous. *(Il ſort.)*

SCENE II.

(*L'on entend dans le fond le tumulte des soldats qui s'assemblent.*)

PHARÈS, *seul*.

Le peuple vient. Pharès, arme-toi de courage;
Tes fidèles soldats t'ont promis leur suffrage:
Ce jour doit pour jamais décider de ton sort;
Ce jour doit te donner ou le trône ou la mort.

SCENE III.

PHARÈS, GRANDS DE L'ÉTAT, CHEFS DE L'ARMÉE, SOLDATS.

(*Après la marche guerrière, tous les soldats se rangent sur les côtés des colonnes; les Chefs occupent le milieu, & laissent cependant toujours appercevoir le trône.*)

PHARÈS.

Soldats, dans les dangers qui menacent l'empire,
Il est tems de répondre aux vœux de votre roi.
Sur ce trône superbe, où son ombre respire,

Il est encore assis, & nous dicte sa loi.
Fière de son trépas & de notre impuissance,
Toute l'Asie armée aspire à la vengeance,
Et relève ce front que Séthos a soumis.
Cent peuples en fureur, voilà vos ennemis,
Une femme, un enfant, voilà votre défense.
La mort d'un seul héros suffira-t-elle, hélas !
Pour n'oser plus tenter le hasard des combats ?
Nous, sujets de Séthos, compagnons de sa gloire,
Dites, laisserons-nous outrager sa mémoire ?
Nommons, nommons un chef, dont la haute valeur,
De tous nos ennemis dissipe la fureur.

CHŒUR DE SOLDATS.

Nommons, nommons un chef, &c.

PHARÉS.

Volons à la victoire. O Séthos, ô mon frère ;
Donne, donne à ton peuple un avis salutaire ;
Et s'il trouve un héros digne de ce grand choix,
Pharès, Pharès lui-même obéit à ses loix.

CHŒUR.

Pharès ! Pharès ! le ciel à la gloire t'appelle ;
Tu régneras sur nous ; tu seras notre appui ;
Le frère de Séthos est seul digne de lui.

PHARÈS.

Peuple, de trop d'éclat vous honorez mon zèle.
Puisque vous confiez cet empire à ma foi,
Je veux le conserver au fils de notre roi.
Les dieux ne m'ont pas fait pour aspirer au trône;
Il faut, pour l'obtenir, mériter la couronne.
Ce glaive me suffit, il saura nous venger.
Soldats, autour de moi venez tous vous ranger.
Jurons, vous d'obéir, & moi de vous défendre.

(*Les soldats l'environnent.*)

CHŒUR.

Pharès! Pharès! lui seul peut nous défendre;
Qu'il règne.....

SCENE IV.

LES PRÉCÉDENS, NEPHTÉ,
FEMMES *de sa suite, qui restent au fond.*

NEPHTÉ, *interrompant le chœur.*

Juste ciel! quels cris se font entendre!
Quelle profane joie en ces jours de douleurs,
Insulte à mon époux, & se mêle à mes pleurs?

PHARÈS.

Ah! reine! pardonnez au motif qui l'inspire;
Il nous falloit un chef, & ces braves soldats
Ont fait choix d'un guerrier qui les guide aux combats,
C'est moi qu'ils ont chargé de veiller sur l'empire.

NEPHTÉ, *indignée.*

Ce peuple? vous! Pharès!

PHARÈS.

Le frère de Séthos
Se montrera toujours digne de ce héros.
Il saura l'imiter.

NEPHTÉ.

O ciel! puis-je le croire?
Peuple, vous ignorez.....

PHARÈS, *interrompant vivement.*

Oui, peuple, un assassin
Du plus aimé des rois osa percer le sein.

(*A Nephté.*)
Pensez-vous que Pharès en perde la mémoire?
Je connois le coupable, & son supplice est prêt;
Je sais trop qu'Amédès, par un zèle indiscret,
De venger votre époux veut s'arroger la gloire,

Mais

Mais chef de nos guerriers, & frère de leur roi,
L'honneur de le venger ne regarde que moi.

NEPHTÉ, *à part.*

Dans quel abîme affreux suis-je donc descendue?
Me faudra-t-il toujours étouffer ma fureur?

PHARÈS.

Belle Nephté, la gloire en ces lieux répandue
 Flatte bien foiblement mon cœur;
 Elle combleroit mon bonheur,
 Si de vous je l'avois reçue;
Et sur le trône assis, j'aurois fait mon plaisir
De vous servir sans cesse, & de vous obéir.

(Cette scène de Pharès & de Nephté se passe sur le devant du théâtre, sans être entendue du peuple.)

NEPHTÉ.

 Gardez, envahissez le trône;
Je ne l'envîrai point, il vous a trop coûté.
 Bientôt Memphis qui vous le donne,
Saura par quels exploits vous l'avez mérité:
 Gardez, envahissez le trône;
Je ne l'envîrai point, il vous a trop coûté.

E

CHŒUR.

Invincible Pharès, vertueuse Nephté,
Unissez-vous, régnez, partagez la couronne.

PHARÈS.

Mais pourquoi de Séthos ne vois-je point le fils?

NEPHTÉ.

Mon fils! dieux!

PHARÈS.

           En mes mains il doit être remis.

NEPHTÉ.

O ciel! qu'ai-je entendu?

PHARÈS.

              C'est à moi de l'instruire;
Je dois l'accoutumer au fardeau d'un empire.

NEPHTÉ.

S'il faut au diadême habituer son front,
Sa mère vit encore, & ses mains suffiront.

PHARÈS.

Mais pourquoi nous cacher le fils de notre maître?
Il faut qu'il vive au sein de ses sujets,
Qu'il s'habitue à les connoître.

(Aux soldats.)
Qu'on cherche cet enfant.

(Quelques soldats sortent.)

NEPHTÉ.

O comble de forfaits !
Voulez-vous donc encore le ravir à sa mère ?
Cruel, laissez-le libre, ou rendez-lui son père.

PHARÈS.

Vous voyez, justes dieux ! les maux que je lui fais.
Soldats, allons au temple offrir un sacrifice;
Contre nos ennemis implorons la justice ;
Et quand l'aube du jour blanchira les côteaux,
Demain aux bords du Nil assemblez vos drapeaux.
Vous, Nephté, je n'ai plus qu'un seul mot à vous dire:
Si Memphis d'un vainqueur éprouve le courroux,
Si vous perdez enfin votre fils & l'empire,
Inflexible Nephté, n'en accusez que vous.

CHŒUR, *à Nephté*.

Acceptez un époux que tout Memphis admire;
Couronnez ce héros, il est digne de vous.

(Pharès sort suivi des soldats.)

E ij

SCENE V.

NEPHTÉ, CHŒUR DE FEMMES,
dans le fond.

NEPHTÉ, *sur le devant de la scène.*

Sort cruel, es-tu las d'éprouver ma constance ?
Faudra-t-il donc mourir, & mourir sans vengeance ?
Un assassin triomphe ; il est choisi pour roi,
Et j'expose mon fils, si je romps le silence.
Amédès ne vient point ; tout me glace d'effroi.
O toi, que j'ai perdu, cher objet de mes larmes,
Ta mort n'étoit donc pas le dernier de mes maux ?
Quand pourrai-je te suivre, oublier mes alarmes,
Et jouir avec toi d'un éternel repos ?
 De toutes parts la fortune cruelle
Me présente un abîme où je dois me plonger.
Si je cède au destin, je vivrai criminelle,
Et ton fils va périr, si je veux te venger.
O toi, que j'ai perdu, cher objet de mes larmes,
Ta mort n'étoit donc pas le dernier de mes maux ?
Dieux justes ! dieux puissans ! vous voyez mes alarmes ;
De mon cher fils du moins assurez le repos ;

S'il vit heureux, la mort aura pour moi des charmes :
Ouvrez-moi, par pitié, le chemin des tombeaux.

UNE DES FEMMES, *s'approchant lentement
de Nephté.*

Reine.....

NEPHTÉ.

Que voulez-vous ?

UNE AUTRE FEMME.

Partager vos alarmes.

NEPHTÉ.

Laissez-moi.

UNE AUTRE FEMME.

Nous venons pour essuyer vos larmes.

NEPHTÉ.

Le destin me poursuit, évitez son courroux ;
Fuyez l'horreur qui m'environne.

TOUTES LES FEMMES.

Si nos soins vous sont chers, notre sort est trop doux ;
Sur le trône, loin du trône,
Vous régnez toujours sur nous.

NEPHTÉ.

Eh ! que puis-je pour vous, lorsque tout m'abandonne ?

CHŒUR DE FEMMES.

Nous voulons vous servir, partager vos douleurs;
Nous vous serons toujours fidelles.

NEPHTÉ.

Grands dieux! récompensez la bonté de leurs cœurs;
Nephté ne peut plus rien pour elles.

CHŒUR.

Ensemble.
Nous vous suivrons par-tout, nous essuirons vos pleurs;
Nous vous serons toujours fidelles.

NEPHTÉ.

Je te rends grâce, ô sort! puisque dans mes malheurs,
Je trouve encor des cœurs fidelles.

NEPHTÉ.

Laissez-moi, j'ai besoin d'être seule un moment.

CHŒUR DE FEMMES, *en s'éloignant.*

O dieux consolateurs, appaisez son tourment.

(*Elles sortent.*)

SCENE VI.

NEPHTÉ, *seule.*

Tout redouble ma crainte & mon inquiétude,
Se peut-il qu'Amédès dans les fers arrêté ?...
O funeste soupçon ! mortelle incertitude !
Ton asyle, mon fils, sera-t-il respecté ?
Peut-être en ce moment.....

(Elle voit venir le grand-prêtre.)
Amédès ! ô mon père !

SCENE VII.

NEPHTÉ, AMÉDÈS, CHEMMIS,
qui reste loin de Nephté & immobile.

AMÉDÈS.

Je sais tous vos malheurs, l'usurpateur prospère,
Mes pas sont observés, on attente à mes jours,
Et le ciel à nos pleurs refuse son secours.

NEPHTÉ.

Qu'est devenu mon fils ?

AMÉDÈS.

Nos prêtres l'environnent,
Et tous expireront, avant qu'ils l'abandonnent.

NEPHTÉ.

O jour rempli d'horreurs!

AMÉDÈS.

O terrible destin!

NEPHTÉ.

Faut-il qu'un parricide.....

AMÉDÈS.

Un infâme assassin?.....

CHEMMIS, *de loin.*

Prêtre, ressouviens-toi que Pharès est ton maître;
Qu'il te voit, qu'il t'entend, qu'un seul mot indiscret
Du nombre des vivans te fera disparoître;
Apprends à mériter la grace qu'il te fait.

NEPHTÉ.

Qu'ai-je entendu, grands dieux! un vil esclave, un traître,
Jusque dans ce palais porte ses attentats?

AMÉDÈS.

Juste ciel! daigne armer mon bras.

NEPHTÉ.

NEPHTÉ.

Hélas! vous périrez.

AMÉDÈS.

Eh! qu'importe ma vie?
J'aurai vengé mon roi, mes dieux & ma patrie;
Tous mes jours font comptés, & ce feroit en vain
Que je voudrois encore en reculer la fin.

NEPHTÉ.

O ciel! aux coups de ta juftice
L'innocent doit-il donc s'offrir?
Ah! fi vous l'exigez ce cruel facrifice,
C'eft moi feule qui dois périr.

AMÉDÈS.

Vous, mourir? vous, à votre aurore?
Vous pouvez efpérer encore
Un règne plus tranquille & des jours plus heureux.
(*Haut.*)
Ah! ne m'enviez pas ce trépas glorieux.

CHEMMIS, *de loin.*

Il demande à périr, j'accomplirai fes vœux.

AMÉDÈS, *à Nephté.*

Séthos vous laiffe un fils, il vous condamne à vivre.

F

NEPHTÉ.
Je vous le confîrai ce dépôt précieux ;
Et la mère & l'enfant vous conjurent de vivre.

AMÉDÈS.
L'époux que vous pleurez vous défend de le fuivre.

NEPHTÉ.
Sort cruel, laiffez-moi le venger & le fuivre,
Sans plaintes, fans regrets, je fermerai les yeux.

AMÉDÈS.
Séthos vous laiffe un fils, il vous condamne à vivre.

NEPHTÉ.
Je vous le confîrai ce dépôt précieux.

AMÉDÈS.
Ce fils infortuné pourra-t-il vous furvivre ?

NEPHTÉ.
Ah !

AMÉDÈS.
Ne m'enviez pas ce trépas glorieux.

NEPHTÉ.
O douleur ! ô combats !

TRAGÉDIE. 43

AMÉDÈS.
O destin rigoureux!
NEPHTÉ.
Mon fils n'a plus que vous; le crime l'environne.
Vivez, vivez pour lui; c'est à moi d'expirer:
Le malheur me poursuit, & le ciel m'abandonne
La mort est le seul bien que je puisse espérer.
AMÉDÈS.
Divin flambeau des cieux, ô dieu puissant, pardonne,
Si contre tes décrets nous osons murmurer;
Ah! daigne voir l'objet que ta main abandonne,
Dans ta justice enfin permets-lui d'espérer.

Ensemble.

CHEMMIS, *de loin à Amédès.*
C'est la mort, c'est la mort que tu dois implorer;
Elle est prête à te dévorer.
Déja son ombre t'environne;
C'est la mort, c'est la mort que tu dois implorer.

F ij

SCENE VIII.

LES PRÉCÉDENS, UN PRÊTRE DES TOMBEAUX.

LE PRÊTRE, à *Amédès*.

Ah! seigneur, accourez, & venez nous défendre.

NEPHTÉ.

Je tremble.

LE PRÊTRE.

Les soldats & Pharès, à grands cris,
De notre roi nous demandent le fils.

NEPHTÉ.

Dieux!

AMÉDÈS, *au prêtre*.

Suivez-moi; mourons plutôt que de le rendre.

NEPHTÉ.

Non, non, je veux le voir, l'arracher au trépas,
Le tenir embrassé. Le monstre parricide
Osera-t-il venir le chercher dans mes bras?

TRAGÉDIE. 45

AMÉDÈS.
Ah! reine, à leur fureur ne vous exposez pas.
Je vole à son secours; c'est le ciel qui me guide.
LE PRÊTRE.
Volons à son secours, c'est le ciel qui nous guide.
(Ils sortent.)

Ensemble.

CHEMMIS, *à part.*
Tu n'y seras pas seul, je vole sur tes pas.
(Il les suit.)

NEPHTÉ.
Grands dieux! dans mes malheurs ne m'abandonnez pas.

SCENE IX.

(Pendant ce monologue, on entend un tumulte dans le fond de la scène.)

NEPHTÉ, *seule.*
Asyle de la mort, voûte paisible & sombre,
Protégez cet enfant, couvrez-le de votre ombre;
Ou s'il doit de ce monstre éprouver la fureur,
Fermez, fermez mes yeux, témoins de son malheur.

SCENE X.

NEPHTÉ, GRANDS DE L'ÉTAT, PEUPLE, SOLDATS.

PEUPLE ET SOLDATS, *à Nephté.*

N'irritez pas les dieux par trop de résistance;
Rendez le calme à vos sujets.
Notre bonheur dépend du bonheur de Pharès;
Couronnez ce héros, notre seule défense.

GRANDS DE L'ÉTAT.

Couronnez ce héros, notre seule défense,
Rendez le calme à vos sujets.

PEUPLE ET SOLDATS.

Séthos ne veut de vous que votre obéissance.

TOUS.

Couronnez ce héros, notre seule défense,
Rendez le calme à vos sujets.

NEPHTÉ.

O ciel! à quel excès d'audace
Le traître a-t-il pu les porter?

TRAGÉDIE. 47

On ne me connoît plus, un peuple me menace,
Et jufqu'en mon palais il ofe m'infulter !

PEUPLE ET SOLDATS.

Époufez notre roi, c'eft Séthos qui l'ordonne.
  Pharès eft le foutien du trône,
  Il fait trembler nos ennemis.
Couronnez ce héros, votre époux vous l'ordonne.

GRANDS DE L'ÉTAT.

Songez du moins à votre fils,
Et confervez-lui la couronne.

PEUPLE ET SOLDATS.

Oui, vous trahiffez votre fils,
Vous lui raviffez la couronne.

NEPHTÉ, *à part.*

Où fuis-je? quel nouveau tranfport?
Un feu divin m'anime & me rend l'efpérance.
Sans trouble, fans frayeur j'envifage la mort;
Il faut me dévouer.

PEUPLE ET SOLDATS.

  C'eft trop de réfiftance.

NEPHTÉ, *sans les entendre.*

Si je tarde, le monstre échappe à la vengeance :
O dieux, qui m'inspirez ce généreux effort,
    Recevez ma reconnoissance.

    (*Haut.*)

Peuple, le ciel enfin m'éclaire sur mon sort.
    Je me rends aux vœux de l'empire.
Je m'unis à Pharès par les nœuds de l'hymen ;
Autant je l'évitois, autant je le desire,
Aujourd'hui dans le temple, il recevra ma main.

CHŒUR GÉNÉRAL.

    O bonheur ! ô jour d'ivresse !
    Pharès est heureux à jamais.
    Retentissez, chants d'allégresse,
    Le ciel a comblé nos souhaits.

NEPHTÉ.

    (*Ensemble tout le reste de la scène.*)

Puissante Isis, bienfaisante déesse,
    Vous savez les vœux que je fais.
Animez mon courage, écartez ma foiblesse,
    (*A part.*)
Et soutenez mes terribles projets.

                    CHŒUR.

CHŒUR.

Ah! puisse la grande déesse
Vous combler des plus doux bienfaits!
Pharès aura votre tendresse,
Vous serez heureux à jamais.

(Nephté sort.)

Retentissez, chants d'allégresse,
Le ciel a comblé nos souhaits.

(Divertissement vif & court.)

Fin du second Acte.

ACTE III.

Le théâtre représente le temple d'Osiris, ou du Soleil. Il doit être de forme circulaire & d'une très-vaste étendue. L'autel s'élève au milieu, & le tout doit être d'une architecture simple & sévère.

SCENE Ière.

NEPHTÉ *seule, parcourt lentement le temple.*

Palais des dieux, séjour de l'innocence,
  Écoutez mes derniers accens.
Vos portiques sacrés, votre auguste silence
D'une sainte terreur saisissent tous mes sens.
Hélas! plus que jamais j'ai besoin d'assistance.
  Dieux terribles, dieux bienfaisans,
  Vous qui protégiez mon enfance,
  Veillez sur mes derniers momens.

  O toi, ma plus chère espérance,
Toi pour qui je m'impose un si cruel devoir;

Voici la fin de notre absence :
Ta fidelle Nephté va bientôt te revoir,
Et tu seras sa récompense.
Et toi, brillant Soleil, immortel Osiris,
O redoutable Ammon, bienfaisant Sérapis,
Et vous, fleuve sacré, source de l'abondance,
Divinités des mers, de la terre & des cieux,
Augustes déités, que l'univers encense,
Sur ce temple jettez les yeux,
Et recevez les vœux de l'innocence.
Et toi qui d'un époux sus venger le trépas,
Isis, puissante Isis, ô terrible déesse,
Nos destins sont pareils ; guide, guide mes pas,
Et chasse de mon cœur un reste de foiblesse.
O Séthos, ô mon seul espoir,
Voici la fin de notre absence.
Ta fidelle Nephté va bientôt te revoir,
Et tu seras sa récompense.
Amédès vient à moi. Je tremble ; justes cieux,
Effacez de mon front tout funeste présage ;
Cachez-lui mes desseins : donnez-moi le courage
De tromper sa tendresse, & de feindre à ses yeux.

SCENE II.
NEPHTÉ, AMÉDÈS.

AMÉDÈS.

Reine, un bruit se répand; mais qui pourroit le croire?
On dit que méprisant & l'honneur & la gloire,
Aujourd'hui, dans ce temple, à Pharès... non, grands dieux,
Je ne puis répéter ce mensonge odieux.
Les cruels m'ont trompé. L'exécrable imposture
Tente en vain de noircir une vertu si pure;
Moi-même je rougis du trouble de mon cœur,
Et je viens à vos pieds expier mon erreur.

NEPHTÉ.

Hélas !

AMÉDÈS.

Vous soupirez ? Vous gardez le silence ?

NEPHTÉ.

Ah !

AMÉDÈS.

De votre embarras que faut-il que je pense ?

TRAGÉDIE.

NEPHTÉ.
Vous savez mes malheurs.

AMÉDÈS.
Je les sens comme vous.

NEPHTÉ.
Le sort me poursuivoit avec tant de courroux....

AMÉDÈS.
Achevez!

NEPHTÉ.
D'un seul fils, toute mon espérance,
J'ai dû sauver les jours.

AMÉDÈS.
Eh bien!

NEPHTÉ.
Quelle souffrance!
Ah! ne m'accablez pas de votre inimitié:
Nephté, quoique coupable, est digne de pitié.

AMÉDÈS.
Coupable! juste ciel! quoi! cet hymen horrible,
Vous osez l'avouer?

NEPHTÉ, *à part.*

O contrainte ! ô douleur !
Faut-il que je déchire une âme aussi sensible ?
O contrainte ! ô moment terrible !
C'est moi qui lui perce le cœur.

AMÉDÈS.

O ma fille ! il est donc possible !
Ma fille a pu nourrir un forfait dans son cœur.
Je le savois, cruelle ; & mon âme sensible
Vouloit douter de son malheur.

NEPHTÉ.

Mon père, n'accusez que le sort qui m'accable,
Vers cet affreux hymen lui seul porte mes pas.

AMÉDÈS.

Non, ce n'est point le sort, vous seule êtes coupable ;
Non, cet affreux hymen ne s'accomplira pas.

NEPHTÉ.

N'exposez pas vos jours.

AMÉDÈS.

Je punirai le crime.

TRAGEDIE.

NEPHTÉ.

Le tyran vous menace.

AMÉDÈS.

Il sera la victime.

NEPHTÉ.

Hélas! il est puissant, il fait taire les loix.
Il règne.

AMÉDÈS.

Il est un dieu qui règne sur les rois.

NEPHTÉ, *à part*.

O contrainte! ô moment terrible!
Je ne puis supporter l'excès de sa douleur.

AMÉDÈS.

O ma fille! il est donc possible?
Ma fille a pu nourrir un forfait dans son cœur?

NEPHTÉ.

N'accusez que le sort; c'est lui seul qui m'accable.

AMÉDÈS.

Non, ce n'est point le sort; vous seule êtes coupable.

Ensemble.

NEPHTÉ.
{Ensemble}
Vers cet affreux hymen, il entraîna mes pas.

AMÉDÈS.
Non, cet affreux hymen ne s'accomplira pas.

NEPHTÉ, à part.
O contrainte ! &c.

AMÉDÈS.
O ma fille ! &c.

(*On entend dans le fond le tumulte du peuple qui s'assemble pour la cérémonie. Amédès veut sortir; Nephté l'arrête.*

NEPHTÉ, avec précipitation.
O ciel ! n'augmentez pas l'excès de ma souffrance
Par les dangers que vous allez courir.
De grâce, attendez en silence
Ce que le ciel bientôt saura nous découvrir ;
Et s'il est un forfait, la céleste vengeance
Sans vous saura bien le punir.

AMÉDÈS.
Eh bien ! j'en accepte l'augure ;
Vers un honteux hymen précipitez vos pas ;
Mais

TRAGÉDIE.

Mais tremblez, & n'oubliez pas
Que vous êtes au temple, & vous êtes parjure.
(*Le bruit redouble, & la marche commence dans le fond. Amédès sort.*)

NEPHTÉ.

Où fuyez-vous, mon père ? O ciel ! je vous conjure,
Dans ce moment affreux ne m'abandonnez pas.

AMÉDÈS, *en sortant*.

Non, cet affreux hymen ne s'accomplira pas.

(*La marche continue; & dès que le grand-prêtre est sorti, on voit paroître les prêtres, & on entend le chœur.*)

{Ensemble}

SCENE III.

NEPHTÉ, PHARÈS, PRÊTRES, SOLDATS, FEMMES DE LA REINE, FILLES DU TEMPLE D'OSIRIS, ET LE FILS DE NEPHTÉ *conduit par les femmes.*

(*On porte dans la marche toutes les choses nécessaires à la cérémonie, & au sacrifice.*)

CHŒUR, *de loin.*

Dieu de Memphis, Dieu tutélaire,
Soleil, répands sur nous tes bienfaits & tes feux.

(*Le chœur cesse, & reprend par intervalles.*)

CHŒUR.

De deux époux écoute la prière,
Et daigne sourire à leurs vœux.

NEPHTÉ, *appercevant son fils.*

(*A part, avec douleur.*)
O mon fils! ô mon fils.

(*Haut.*)
Embrassez votre mère.

CHŒUR.

Dieu de Memphis, dieu tutélaire,
Soleil, répands sur nous tes bienfaits & tes feux.

PHARÈS, à Nephté.

Quoi ! vous me devancez dans ces augustes lieux ?
Que cet empressement est flatteur pour ma flamme !

NEPHTÉ.

Ces lieux ont éclairé mon âme ;
Oui, Pharès, je promets de passer avec toi
Tout le tems que le ciel nous permettra de vivre.
Même dans le tombeau je jure de te suivre,
Ce temple est garant de ma foi.

PHARÈS.

Jour de triomphe, jour prospère !
O Soleil, hâte-toi de couronner mes vœux.

CHŒUR.

Dieu de Memphis, dieu tutélaire,
Soleil ! répands sur nous tes bienfaits & tes feux.

NEPHTÉ, à part, rendant son fils aux femmes.

Dieux ! écartez de moi cette image trop chère ;
Je le sens, je le sens, je trahirois mes vœux.

Ensemble.

(*Lorsque les prêtres se sont placés autour de l'autel, & que le peuple & les soldats ont occupé le fond, Nephté passe à la gauche avec ses femmes, & Pharès à la droite avec les guerriers. Alors un des premiers prêtres se place derrière l'autel, faisant face aux spectateurs; il y pose la coupe nuptiale, & chante l'hymne à l'Hymen.*

UN PRÊTRE.

Hymen, déité consolante,
D'un couple fortuné viens couronner l'ardeur.
Fais-le brûler de ta flamme constante;
C'est de ta main qu'il attend le bonheur.

TOUS, *excepté Nephté.*

Hymen, ô doux Hymen, déité consolante,
D'un couple fortuné, viens couronner l'ardeur.

PHARÈS.

Hymen! ô doux Hymen! viens hâter mon bonheur.

NEPHTÉ, *à part.*

Hymen, terrible Hymen, viens & sois mon vengeur.

Ensemble.

(Pendant le chœur, Pharès & Nephté paſſent derrière l'autel.)

NEPHTÉ, *tenant la coupe.*

Sur cette coupe & ce breuvage,
Grands dieux, répandez vos bienfaits.

(A Pharès.)

Que de nos maux paſſés il efface l'image,
Et qu'il nous uniſſe à jamais !

(Pendant que les époux boivent dans la coupe nuptiale, que Nephté a empoiſonnée, on brûle l'encens, & les filles du temple expriment par une pantomime la joie du peuple & le bonheur des époux.)

CHŒUR.

Hymen, déité conſolante,
D'un couple fortuné viens couronner l'ardeur.

(Pharès & Nephté quittent l'autel, & reprennent leur place.)

CHŒUR.

Ensemble.

Fais-le brûler de ta flamme constante ;
C'est de ta main qu'il attend le bonheur.
Hymen ! ô doux Hymen ! déité consolante,
D'un couple fortuné viens couronner l'ardeur.

PHARÈS.

O doux Hymen, déité bienfaisante,
C'est de ta main que j'obtiens le bonheur.
Ah ! pour l'heureux Pharès quelle gloire éclatante !
Pour ses travaux guerriers quel présage flatteur !

NEPHTÉ, *à part.*

Enfin, je vais mourir contente.
Le coupable est puni. La mort est dans son cœur.
Je te rends grâce, Isis, déité bienfaisante ;
Mon fils règne, & Séthos a trouvé son vengeur.

SCENE IV.

LES PRÉCÉDENS, AMÉDÈS, SOLDATS.

CHŒUR, *qui est interrompu par Amédès.*

Hymen.....

AMÉDÈS, *entrant avec des soldats armés.*

   Cessez, cessez un affreux sacrifice ;
Par des vœux criminels n'irritez pas les dieux.
Aux mânes de Séthos il faut faire justice.
L'assassin vit encor, même il est dans ces lieux ;
C'est Pharès.

PHARÈS.

Dieux !

CHŒUR.

  Pharès !

AMÉDÈS, ET SOLDATS A SA SUITE.

     Que le monstre périsse !

AMÉDÈS *seul, armé d'un poignard.*

Assez, & trop long-tems il sut braver les loix ;
Sur ce vil meurtrier tombons tous à la fois ;

Qu'il périsse !

NEPHTÉ.

Arrêtez ; j'ai vengé la patrie.

AMÉDÈS.

Quoi ! vous-même, Nephté, vous protégez l'impie !

NEPHTÉ.

Peuple, prêtez l'oreille à ma mourante voix,
Sur les bords de la tombe où votre roi m'appelle,
Dans ce temple où bientôt je vais mourir fidelle
   A l'époux le plus regretté,
Je vais vous découvrir l'affreuſe vérité.
Pharès eſt l'aſſaſſin ; c'eſt lui dont la furie
Au plus aimé des rois fit arracher la vie ;
La fortune ſourit à tous ſes attentats.
   Souillé du meurtre de ſon frére,
Oſant tout, bravant tout, protégé des ſoldats,
Au trône de Séthos il ſut porter ſes pas ;
Et couvrant ſes forfaits des ombres du myſtère,
Parricide impuni, reſpirant l'adultère,
Il voulut me forcer à paſſer dans ſes bras.
Et moi, mère tremblante, épouſe infortunée,
   Reine ſans trône, & veuve abandonnée,

Je n'avois à choisir que l'opprobre ou la mort;
Mais le ciel à la fin eut pitié de mon sort.
Apprends donc, ô tyran, comment cet hyménée
A la mienne en ce jour unit ta destinée;
Apprends, & s'il se peut, écoute sans frayeur,
Comment Nephté sut mettre un frein à ta fureur.
Contrainte de traîner la chaîne nuptiale,
Et d'accepter la main qui me faisoit horreur;
Moi-même j'ai versé dans la coupe fatale
Un poison qui déja te dévore le cœur.

CHŒUR ET PHARÈS.

Dieux!

NEPHTÉ, *à Pharès.*

Comme toi j'en serai la victime;
Mais je venge Séthos & je punis ton crime.
Nous mourons.... & déja le poison répandu
Va laisser aux mortels un exemple terrible;
Un nuage sur nous est déja descendu.
Mais ma mort est tranquille, & la tienne est horrible.

PHARÈS, *avec rage.*

Oui, je meurs; oui, je cède à l'aveugle destin:
Je meurs... & tout l'enfer est déja dans mon sein.
Non qu'un lâche remords puisse entrer dans mon âme;

I

Mais honteux de périr de la main d'une femme :
Mon trépas est affreux... Je succombe aux regrets
De n'avoir pu ravir le prix de mes forfaits ;
Et si quelque douleur me poursuit dans mon crime,
C'est de n'avoir frappé qu'une seule victime.

NEPHTÉ.

Fuis donc, fuis de ce temple, ôte-toi de mes yeux ;
Que ton dernier soupir ne souille pas ces lieux.

(*Les soldats enveloppent Pharès, & l'entraînent hors du temple.*)

AMÉDÈS.

O sublimes vertus !

CHŒUR.

O malheureuse mère !

SCENE V & dernière.

NEPHTÉ, AMÉDÈS, FEMMES, PEUPLE, SOLDATS, L'ENFANT.

NEPHTÉ, *affoiblie par le poison.*

Ah ! c'en est fait... je touche à mon heure dernière...
Un trouble se répand sur tout ce que je voi...

(*Ses femmes la soutiennent & la font asseoir.*)

Je ne me soutiens plus... tout mon cœur se resserre...

(*On approche l'enfant.*)

Faites venir mon fils... Mon fils, embrasse-moi...
La sensible Nephté ne regrette que toi...
Sèche, sèche tes pleurs, je vais revoir ton père.

AMÉDÈS.

O douleur déchirante !

CHŒUR.

O malheureuse mère !

NEPHTÉ, *encore plus foible.*

Ne pleurez pas mon sort, il n'est pas malheureux.
J'ai rempli mes devoirs... mon fils respire encore ;

Ah! conservez-le bien, ce dépôt précieux;
C'est l'image du roi que tout Memphis adore.
  (*A ses femmes.*)
Donnez-moi le bandeau que j'ai fait préparer,
 Qu'il lui serve de diadême...
 Je veux... avant que d'expirer,
 Sur son front l'attacher moi-même.
 Memphis, voilà ton roi.....

(*Nephté expire en prononçant ces mots, & les soldats saisissent l'enfant, l'élèvent sur un pavois, & le présentent au peuple, qui tombe à genoux.*)

CHŒUR.

Veillez sur lui, grands dieux !
Qu'il imite Séthos, mais qu'il soit plus heureux.

FIN.

www.ingramcontent.com/pod-product-compliance
Lightning Source LLC
LaVergne TN
LVHW021007090426
835512LV00009B/2122